CE LIVRE APPARTIENT A' :
OFFERT PAR :
REÇU LE :

RETROUVEZ FUTÉKATI
DANS LA BIBLIOTHÈQUE ROSE

Futékati et le poisson d'avril

Futékati et le fantôme

Le secret de Futékati

Futékati et le voleur du musée

Futékati et la farce de Corentin

Futékati et le magicien

Futékati et le concours de natation

Futékati au secours de Quentin

Béatrice Nicodème

Les énigmes de Futékati

Futékati et la farce de Corentin

Illustrations de François San Millan

HACHETTE

Hachette Livre, 43, quai de Grenelle, 75015 Paris.

J'ai 7 ans et je m'appelle Futékati. Tu trouves que c'est un drôle de prénom ? C'est papa qui l'a choisi, et papa est japonais. Il paraît que je lui ressemble : j'ai les yeux et les cheveux noirs comme la nuit.

J’ai un grand frère : Niko. En réalité il s’appelle Nicolas, mais je l’appelle Niko parce que c’est plus rigolo. Lui, il ressemble à maman : il a des lunettes et les cheveux tout bouclés.

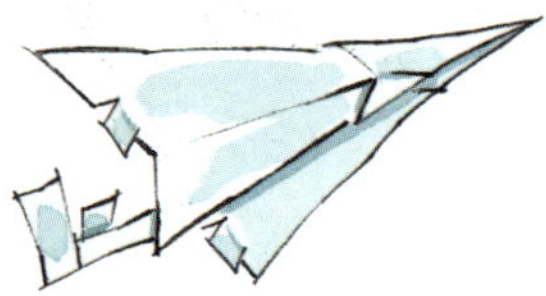

Maman est professeur de chant. Elle a la plus belle voix du monde. En tout cas, c'est ce que dit papa.

Papa, lui, est docteur, un docteur pas comme les autres :

il soigne les malades en leur enfonçant des petites aiguilles un peu partout. C'est bizarre, non ? Mais il paraît que ça ne fait pas mal du tout.

Et puis, on a un chat. On l'a appelé Jokari parce qu'il court aussi vite qu'une balle de jokari !

1

La farce de Corentin

Je ne sais pas quelle mouche a piqué les garçons pendant les vacances de printemps : depuis qu'on est rentrés, ils n'arrêtent pas de m'appeler « le bébé » ! Ce n'est tout de même pas de ma faute si je suis petite... Pauline n'est pas tellement plus grande que moi, et on ne la traite pas de bébé, elle !

De toute façon, ça m'est égal. La prochaine fois qu'il y aura un mystère à résoudre, je leur montrerai de quoi est capable « le bébé » ! Et puis ils verront bien, au prochain contrôle de mathématiques, qui est la meilleure !

Malheureusement, on commence le trimestre par un contrôle d'expression écrite. Pas de chance !

Mademoiselle Paprika écrit le sujet au tableau en se retournant toutes les trente secondes pour vérifier qu'on se tient tranquilles.

Racontez, d'une façon aussi vivante que possible, votre soirée d'hier.

On ne peut pas dire que ce soit très original !

« Je me demande ce que je vais bien pouvoir raconter d'intéressant, me souffle Pauline. Hier soir, je suis allée au supermarché avec mes parents.

— Et il ne vous est rien arrivé de spécial ? »

Pauline mordille son stylo.

« Ah si ! On avait installé mon petit frère dans le caddie. Quand on est passés devant le rayon des bouteilles d'huile, il a failli perdre l'équilibre, il s'est rattrapé à une bouteille et il en a fait tomber quatre

ou cinq ! Ça glissait tellement, par terre, que tous les clients partaient en vol plané entre les rayons ! »

En imaginant les clients du supermarché transformés en fusées, je pique un fou rire. Bien sûr, Mademoiselle Paprika ne me rate pas.

« L'histoire de Pauline a l'air vraiment très drôle, Futékati ! J'espère que ton texte sera aussi amusant... »

Ça m'étonnerait ! Hier, je suis restée à la maison. Après le dîner, j'ai essuyé la vaisselle, j'ai écrit une lettre à grand-mère pour son anniversaire, et ensuite maman a décidé qu'il était beaucoup trop tard pour que je lise dans mon lit avant de dormir.

Avec une soirée aussi mouvementée, j'aurai de la chance si j'arrive à écrire cinq lignes !

« Cinq lignes, **P**as une de **P**lus... Je su**PP**ose que tu es contente de toi, Futékati ! » crie Mademoiselle Paprika en me rendant mon contrôle.

Elle doit être vraiment fâchée, car elle postillonne comme une cocotte-minute à chaque fois qu'elle prononce un **P**. Et elle ajoute :

« Cinq lignes, et dix fautes d'orthographe ! Heureusement que tu n'as **P**as écrit vingt lignes : je **P**ense que tu aurais fait... »

Là, je ne peux pas m'empêcher de lui couper la parole :

« Quarante fautes ! »

Mademoiselle Paprika est tellement stupéfaite que ses lunettes glissent jusqu'au bout de son nez. Elle s'efforce de garder l'air sévère, mais en fait je suis sûre qu'elle a un peu envie de rire.

« Je vois que tu es toujours aussi bonne en arithmétique... Mais il n'y a pas que les chiffres, dans la vie ! Remarque, c'est très bien d'aider ta maman à faire la vaisselle, d'écrire à ta grand-mère et de te coucher de bonne heure. Si seulement tu avais raconté ça d'une façon un peu plus vivante... »

Les garçons pouffent de rire en piquant du nez. Ça m'apprendra à dire la vérité ! Si j'avais su, j'aurais imaginé une histoire terrifiante...

Heureusement, on passe très vite au récit de Pauline. Il est tellement drôle que Mademoiselle Paprika en lit tout un passage.

« Maintenant, au tour de Corentin ! ajoute-t-elle ensuite. Il a fait encore mieux que Pauline ! Son histoire est tellement extraordinaire que je vais vous la lire entièrement. »

Corentin est très bon en expression écrite. Et cette fois,

en plus, il a de la veine : il lui est arrivé une aventure incroyable.

Quand il rentre chez lui, après l'étude du soir, sa maman n'est jamais là car elle tient une librairie. Mais l'autre jour, en arrivant, il a vu de la lumière à la fenêtre de la cuisine.

Il savait bien que sa maman ne pouvait pas être encore rentrée, puisqu'il était passé la voir à la librairie sur le chemin du retour. Ça voulait dire qu'un cambrioleur avait pénétré dans l'appartement...

Moi, à sa place, j'aurais sonné chez une voisine, ou bien j'aurais couru au commissariat pour prévenir la police. Mais Corentin n'a peur de rien. Alors, voilà ce qu'il a fait :

« *Je suis monté tranquillement et j'ai poussé la porte de l'appartement. À ce moment précis, la lumière s'est éteinte dans la cuisine : le mystérieux visiteur était donc sûrement un cambrioleur. Sinon, il n'aurait pas cherché à passer inaperçu !* »

Mademoiselle Paprika lit en mettant le ton, et c'est tout juste si on ne claque pas des dents tellement on est terrifiés...

« Alors je me suis mis à parler très fort en imitant des voix différentes : des voix d'enfants, mais aussi la voix d'une dame qui fait des manières. Bien sûr, le cambrioleur a cru que plusieurs personnes étaient entrées dans l'appartement et il a pris peur. Il a ouvert la porte qui donne sur l'escalier de secours, à côté de la cuisine, et il a filé comme un lapin ! Et moi, je me suis servi un grand verre de lait et j'ai ouvert un paquet de biscuits au chocolat, que j'ai dégustés à la santé du cambrioleur. »

Quand Mademoiselle Paprika a fini de lire, tout le monde applaudit. Pas seulement parce

que l'histoire est très bien racontée, mais parce que Corentin a été particulièrement astucieux, et drôlement courageux !

À côté de lui, j'ai l'air malin avec mon histoire de vaisselle et de lettre à grand-mère ! Encore une bonne occasion, pour les garçons, de me traiter de bébé...

En plus, ce n'est vraiment pas mon jour de chance. Comme maman doit emmener Niko chez le dentiste, elle a décidé que je resterais à l'étude du soir, pour que je ne sois pas toute seule à la maison. Et elle

trop tard ! Maman a démarré sur les chapeaux de roue. Corentin doit être drôlement vexé...

Et toi, tu sais pourquoi je suis sûre que Corentin a inventé son histoire de cambrioleur ?

Parce que, ***au printemps, il fait encore jour*** *à l'heure où on rentre de l'étude du soir. Je me demande bien comment Corentin aurait pu voir de la lumière dans la cuisine...*

2

Le Kimono bleu

Lorsque j'ai annoncé à papa que je passais dans la classe supérieure, il a applaudi et nous a tout de suite proposé :

« Si on allait dîner au restaurant japonais pour fêter cette bonne nouvelle ? »

J'ai donné un coup de coude à Niko pour qu'il ne fasse pas la grimace. Je sais qu'il préfère la crêperie, mais moi je raffole du *Kimono bleu* !

C'est un très joli restaurant où les murs sont peints en bleu, avec un aquarium géant rempli de poissons multicolores. Bien sûr, quand on y va, on n'emmène jamais Jokari : il passerait la soirée à sauter dans l'eau pour attraper les poissons !

« Ce n'était pas la peine de réserver, remarque papa quand on arrive. Il n'y a pas un chat. »

C'est le cas de le dire !

Papa a raison. Il y a juste deux amoureux, tout au fond de la salle. Nous, on a réservé la table ronde qui est juste à droite de la porte.

Une serveuse distribue les menus pour qu'on fasse notre choix, et bien sûr Niko commence déjà à râler.

« Tu y comprends quelque chose, Futékati ? *Sushi, sashimi...* Ils pourraient au moins écrire en français !

— Je vais t'aider, intervient papa sans s'énerver. Il faut déjà que tu décides si tu veux du riz avec ton poisson.

— Il est servi comment, le poisson ? Cru ou cuit ? »

Niko déteste goûter à des plats qu'il ne connaît pas. Moi, c'est justement ça qui me plaît, au restaurant, même si parfois on a de drôles de surprises !

« Peu importe qu'il soit cru ou cuit, répond papa. Je te promets que ce sera délicieux. »

Niko n'a pas l'air convaincu.

« Et le riz, il sera comment ? Gluant ? »

Cette fois, papa lève les yeux au ciel.

Heureusement, à ce moment-là, on entend une petite musique. C'est le carillon de la porte qui vient de tinter. Trois petites dames se glissent dans le restaurant en pépiant comme des oiseaux.

« Ouf ! Il était temps qu'on arrive !

— Un peu plus, on était trempées... »

Elles enlèvent leurs imperméables et s'installent à une

table, pas très loin de nous. En moins d'une minute, elles ont commandé leur dîner.

C'est plus fort que moi, je fais remarquer à Niko :

« Elles ne sont pas aussi compliquées que toi !

— Forcément, elles sont japonaises ! Elles connaissent tout ça par cœur. »

Finalement, après dix minutes de discussion, on arrive à se décider. Il n'y a plus qu'à attendre patiemment qu'on nous apporte nos assiettes.

Bien sûr, il y a un nouveau drame quand arrivent les bols

de riz. Papa tient absolument à ce qu'on mange avec des baguettes, comme de vrais Japonais, et Niko a horreur de ça. Il trouve que ça ne va pas assez vite !

Il met autant de riz sur la nappe que dans sa bouche, et il jette des regards noirs à papa. À la sixième bouchée, il lève ses baguettes en l'air, comme un chef d'orchestre. Ma parole, il va les lancer à travers la table !

Mais le carillon de la porte retentit juste à temps pour éviter la catastrophe. Niko tourne la tête pour voir qui arrive, et du coup il laisse tomber ses baguettes.

Le nouveau client a d'énormes lunettes et une petite barbiche. Il enlève son imperméable en respirant aussi fort qu'un cachalot et il l'accroche au portemanteau,

puis il va s'asseoir à la table qui se trouve à côté du couple d'amoureux.

Il essuie ses lunettes qui sont couvertes de gouttes de pluie et il se précipite sur la carte. Il met encore moins de temps que les trois Japonaises pour choisir son menu.

Dès qu'on lui apporte son entrée, il l'avale en trois bouchées tout en continuant à lire son journal. Maman et moi, on a le fou rire.

« S'il court comme ça toute la journée, ce n'est pas étonnant qu'il soit si essoufflé ! » chuchote maman.

Et moi, discrètement, je donne un petit coup de coude à papa.

« Tu devrais aller lui mettre quelques aiguilles pour le calmer, comme tu fais avec tes malades !

— Chut, pas si fort ! » proteste papa.

Mais je vois bien qu'il a envie de rire. Du coup, il en oublie de surveiller Niko, et mon frère en profite pour prendre sa fourchette et engloutir son riz en quelques minutes.

On a à peine terminé le plat principal que le barbichu en est déjà au dessert. Rien que de le regarder manger si vite, ça me donne mal à l'estomac ! Je n'aimerais pas être assise à côté de lui...

En tout cas, il n'a pas l'air de déranger les deux amoureux. Ils chuchotent sans arrêt et se prennent les mains toutes les trente secondes. Je me demande comment ils font pour ne pas emmêler leurs baguettes.

Les trois dames n'arrêtent pas de parler, elles non plus. Elles ont des voix aussi légères que des plumes, exactement comme grand-mère. Peut-être que toutes les Japonaises parlent de la même façon ?

Quand elles voient arriver

leurs desserts, de jolis gâteaux en forme de roses, elles éclatent de rire et poussent de petits cris de joie.

Niko et moi, on a choisi des glaces, et papa et maman se contentent d'un café. Le barbichu, lui, n'a absolument pas le temps de prendre un café. Il demande l'addition et s'en va très vite, en ronchonnant parce qu'il pleut toujours.

« C'est malin ! On n'a même pas de parapluie ! râle à nouveau Niko.

— Quand on est partis, il faisait un soleil magnifique, réplique maman. Et puis toi aussi, Niko, tu aurais pu penser à prendre un parapluie ! »

Tout à coup, des éclats de voix s'élèvent au fond de la salle, devant l'aquarium.

« Je t'assure que mon porte-billets a disparu ! » se lamente la jeune fille blonde.

Son fiancé essaie tant bien que mal de la rassurer.

« Tu ne l'avais peut-être pas mis dans ton sac.

— Bien sûr que si ! »

Le fiancé se met à quatre pattes pour regarder sous la table et sous la banquette.

« C'est peut-être un des poissons qui l'a avalé ! » lance-t-il finalement en montrant l'aquarium.

C'est exactement le genre d'idée que papa aurait pu avoir pour détendre l'atmosphère. En général, ça ne fait pas tellement rire maman. Et la fiancée n'a pas l'air d'apprécier non plus ! Elle hausse les épaules.

« Notre voisin de table me l'a sûrement volé. Mon sac était posé sur la banquette, juste à côté de lui. Il a très bien pu y glisser la main sans que je m'en rende compte... »

Elle a raison. Ils étaient tous les deux tellement occupés à manier leurs baguettes et à chuchoter, qu'ils n'auraient rien remarqué.

On propose de les aider à chercher, et bientôt tout le monde se retrouve à quatre

pattes. Mais bien sûr, personne n'aperçoit l'ombre d'un porte-billets...

Le patron du *Kimono bleu* est très ennuyé.

« C'est la première fois que ce monsieur vient chez nous. Si seulement il avait payé par chèque, et non en argent liquide, on aurait au moins son adresse ! »

Il ne réfléchit vraiment pas. Comme si un voleur allait laisser son adresse !

Finalement, les deux fiancés quittent le restaurant, beaucoup moins souriants que tout à l'heure. Et, après avoir réglé l'addition, papa donne le signal du départ.

« Tant pis pour la pluie, on ne va pas passer la nuit ici... Je vous abriterai tous les trois sous mon imperméable, et on ressemblera à un mille-pattes ! »

On essaie de s'installer avant de sortir dans la rue, mais on est tellement serrés, à quatre sous le même imperméable, que maman finit par abandonner.

« De toute façon, cet imperméable est tout trempé... C'est très désagréable !

— C'est encore une chance que l'homme aux grosses lunettes ne me l'ait pas volé ! » remarque papa.

Puis il ajoute :

« Qu'est-ce que tu as, Futékati ? Tu as l'air toute drôle... Tu ne digères pas tes *sushi* ?

— Si, papa ! Mais je crois

qu'avec un peu de chance, on a peut-être un moyen de retrouver le voleur du porte-billets...

— J'aimerais bien savoir comment ! »

Et toi, tu as une idée de la façon dont on pourrait retrouver le barbichu aux grosses lunettes ?

***En fouillant les poches de son imperméable**, pour voir s'il y a laissé une vieille lettre, ou un papier sur lequel serait écrit son nom.*

En effet, l'imperméable qui sert de dos à notre mille-pattes n'est pas celui de papa, mais celui du barbichu, puisqu'il est mouillé. Si c'était celui de papa, il serait sec, car il ne pleuvait pas encore quand on est arrivés au Kimono bleu.

Les deux imperméables se ressemblent sans doute beaucoup, et le voleur ne s'est même pas rendu compte de son erreur. Papa non plus, d'ailleurs !

3

Le grand magicien Niko

Lorsqu'on me demande quel métier je choisirai plus tard, je réponds : détective. Niko, lui, a décidé de devenir magicien. Il s'entraîne tous les jours en restant assis à table au moment où il faut desservir. Et si j'ai le malheur de lui demander de m'aider, il me répond d'un air supérieur :

« J'essaie de déplacer les assiettes et les couverts rien qu'en les regardant. »

Un jour, j'en ai eu assez de le voir se balancer sur sa chaise pendant que je faisais tout le travail. Alors je l'ai un peu poussé au moment où il se penchait en arrière. Tout doucement, juste pour lui faire peur, pas du tout pour le faire tomber...

Il a poussé des hurlements à n'en plus finir, et j'ai couru me réfugier à la cuisine en me bouchant les oreilles. Moi qui déteste qu'on crie, avec lui je suis servie ! Papa et maman disent toujours que, lorsqu'il est né, il hurlait tellement fort qu'on n'entendait même plus sonner les cloches de Notre-Dame.

Bien sûr, Niko prétend que c'est impossible.

« De toute façon, vous n'auriez pas pu entendre les cloches, puisque je suis né à midi pile un premier mercredi du mois ! À cette heure-là, on vérifie dans toutes les villes que les sirènes fonctionnent. Elles faisaient sûrement beaucoup plus de bruit que moi ! »

Pour le taquiner, je lui réponds :

« Ça ne m'étonne pas que tu sois né un mercredi, juste le jour où il n'y a pas classe... »

Alors il éclate de rire, parce

qu'il a quand même le sens de l'humour !

Mercredi dernier, après le déjeuner, il m'a annoncé très sérieusement :

« Je viens de mettre au point un nouveau tour de magie. Je vais brûler du papier sans utiliser une seule allumette ! »

Il m'a entraînée dans la cuisine. Il a pris une feuille de papier et il en a fait une grosse boule qu'il a posée dans une assiette, sur la table.

Puis il s'est mis à marmonner des formules magiques et, au bout d'un temps infini, on a vu un minuscule filet de fumée s'élever du papier ! Il y avait un petit point rouge entouré de noir, puis le rouge est devenu de plus en plus grand, et le papier a commencé à brûler...

Niko a vite lancé la boule de papier dans l'évier pour ne pas mettre le feu à la cuisine, et il s'est incliné devant moi, comme un magicien à la fin de son spectacle.

J'ai couru raconter ce prodige à maman. Elle n'a pas eu l'air tellement étonné.

« Moi aussi, ce truc m'amusait beaucoup quand j'étais

petite... Il suffit de placer une loupe, ou une carafe d'eau, à proximité du papier. Le verre concentre les rayons du soleil sur un point de la feuille, et au bout d'un moment, le papier est tellement chaud qu'il s'enflamme tout seul. »

Ça alors ! Je n'avais même pas remarqué la carafe d'eau qui était posée sur la table ! Tout excitée, je suis retournée dans la cuisine.

« Tu sais, Niko, j'ai bien vu la carafe d'eau ! Ton truc, ce n'est pas vraiment de la magie ! »

Niko s'est mis dans une colère noire. Il a crié que les filles ne comprenaient rien à la magie, et il est parti s'enfermer dans sa chambre. Avant de claquer la porte, il m'a lancé :

« De toute façon, ça m'est égal, je te prouverai un jour que je suis un véritable magicien ! »

Moi, je n'ai rien contre. Je serais rudement fière d'avoir un frère magicien !

Ce matin, au petit déjeuner, j'ai essayé de réveiller Niko qui somnolait encore.

« C'est incroyable ce que le temps passe vite ! J'ai l'impression que dimanche était hier, et on est déjà mercredi ! »

Niko a roulé des yeux derrière ses lunettes.

« C'est grâce à un tour de magie que j'ai inventé : j'ai réussi à supprimer le lundi et le mardi ! »

Maman a ri.

« Si seulement tu pouvais imaginer un tour pour ranger le bazar qui est dans ta chambre... »

J'ai cru que Niko allait une fois de plus se mettre à crier, mais il était tellement occupé à trier les céréales pour garder seulement celles au chocolat, qu'il n'a même pas répondu.

J'en ai profité pour demander à maman :

« C'est bien ce matin qu'on va acheter mon nouveau maillot de bain ?

— Bien sûr, Futékati ! On risque de rentrer un peu tard, car j'ai toute une liste de courses. Ça ne te fait rien, Niko, de rester seul ? »

Niko avait la bouche pleine de céréales. Il a fait un grand geste de la main, puis il a bafouillé :

« De toute façon, je vais réviser mon contrôle d'histoire chez Oscar.

— Parfait, a conclu maman. Tu peux rester chez lui jusque vers une heure, si ça ne dérange pas trop sa maman. »

J'adore aller dans les grands magasins avec maman. Elle est beaucoup plus patiente que papa. Heureusement, car j'essaie au moins dix maillots de bain avant de me décider !

Maman en prend aussi un pour elle. Ensuite, on descend au sous-sol et on passe presque une heure à la librairie. Puis on remonte au quatrième étage pour acheter une nouvelle nappe, et on doit attendre une éternité qu'une vendeuse s'occupe de nous.

Finalement, il est une heure un quart quand on sort, les bras chargés de paquets.

Les trottoirs sont tout mouillés, car il y a eu un gros orage au moment où on payait les maillots de bain. Le tonnerre résonnait tellement fort qu'on entendait à peine ce que nous disait la caissière !

Maman et moi, on se dirige vers l'arrêt d'autobus en marchant sur la pointe des pieds pour ne pas avoir les jambes toutes mouillées.

« Niko doit mourir de faim », se désole maman.

Mais quand on rentre à la maison, il n'est pas encore là. Il y a juste Jokari, qui accourt vers nous en miaulant et nous montre son écuelle vide.

On pose vite nos paquets et maman lui prépare sa pâtée. Elle me lance depuis la cuisine :

« Peut-être que Niko a laissé un message sur le répondeur ? »

Justement, le voyant rouge clignote. J'appuie sur le bouton pour écouter les messages, et j'entends la voix de mon frère.

« Il est onze heures à la montre à quartz du grand magicien Niko. Le magicien Niko, qui est capable de prédire l'avenir, annonce à Mademoiselle Futékati qu'il y aura un orage effroyable à onze heures trente précises... Hein ? Qu'est-ce que tu dis, Oscar ? Fais taire ton chien, on n'entend rien... »

Le message du grand magicien se termine d'une façon un peu bizarre : on entend des portes qui claquent, les aboiements du chien, puis un bruit épouvantable, un peu comme une sirène de pompiers qui serait restée coincée... et enfin « bip... bip... bip... »

Ça, c'est le signal indiquant que le message est terminé. Puis il y a un autre message.

« Allô, je suis la maman d'Oscar. Je m'aperçois qu'il est

déjà onze heures un quart... Je suis désolée de vous prévenir si tard... J'ai proposé à Niko de rester déjeuner avec nous... »

Maman, qui vient de sortir de la cuisine, se dirige vers le téléphone pour remercier la

maman d'Oscar, mais je l'arrête pour lui poser une question très importante.

« À ton avis, maman, vers quelle heure a éclaté l'orage ? »

Maman réfléchit un instant.

« Je suppose qu'il devait être à peu près onze heures et demie. Pourquoi me poses-tu cette question ? »

Comme maman n'a pas entendu le message de Niko, je lui raconte que mon frère a annoncé l'orage une demi-heure à l'avance.

« Il a sûrement deviné ça en observant les nuages »,

explique maman en décrochant le combiné.

Elle a raison : quand il y a de gros nuages noirs, c'est signe qu'il va pleuvoir. Mais moi, je serais bien incapable d'annoncer à quelle heure l'orage va éclater !

Je repense au message de Niko. Et soudain, au moment où maman va raccrocher après avoir remercié la maman d'Oscar, je m'écrie :

« Attends, maman ! Demande-lui de me passer Niko, j'ai quelque chose à lui dire ! »

Ce que j'ai à dire à mon frère ne lui plaît pas du tout :

« Tu as triché, Niko ! Tu n'es pas magicien ! »

Et je lui prouve par A + B qu'il a téléphoné *après* l'orage, et non avant...

Et toi, tu sais comment j'ai deviné que Niko avait triché ?

À la fin du message de Niko, on entendait un bruit de sirène de pompiers. ***C'était sûrement les sirènes de la ville qui retentissent tous les premiers mercredis du mois à midi pile !***

Niko a donc laissé son message à midi, c'est-à-dire une demi-heure après que l'orage a éclaté. Et il a demandé à la maman d'Oscar de nous faire croire qu'elle téléphonait à onze heures un quart, pour que je sois persuadée qu'il avait bien appelé à onze heures.

4

La liste de Mademoiselle Paprika

Ce matin, en arrivant à l'école, je n'étais pas rassurée du tout. Quelque chose me disait qu'on allait avoir droit à la mauvaise humeur de Mademoiselle Paprika...

Tout a commencé hier après-midi avec la souris blanche de Pépita, que quelqu'un avait cachée dans le cartable de la maîtresse. Quand elle a voulu prendre le cahier d'appel, Mademoiselle Paprika a hurlé de peur et elle a lancé son cartable en travers de la classe. On a piqué un de ces fous rires !

Ensuite, lorsqu'elle a voulu écrire au tableau le texte du contrôle de géographie, impossible de trouver une craie. Elles avaient toutes disparu.

Et puis, vers la fin du contrôle, on a tout à coup entendu

de drôles de bruits, comme si une bête courait entre les tables. Mademoiselle Paprika a dû s'imaginer qu'il y avait une deuxième souris. Elle est devenue toute verte et elle s'est mise à bégayer.

« Qu-qu'est-ce que c'est qu-que ce bruit ? »

C'étaient les garçons qui jouaient au foot sous les tables avec une balle de tennis !

Mademoiselle Paprika s'est mise à courir à travers la classe pour attraper la balle, mais elle n'y arrivait pas car il y avait toujours quelqu'un qui donnait un coup de pied dedans (dans la balle, bien sûr, pas dans la maîtresse !). Finalement, elle a réussi à la confisquer, et elle a crié très fort :

« Aujourd'hui, vous êtes **P**articulièrement insu**PP**ortables !

— C'est **P**as de notre faute, maîtresse... À la cantine, à midi, on nous a servi des **P**au**P**iettes de **P**anthère ! »

C'est Max qui a répondu ça, en postillonnant comme Mademoiselle Paprika.

Je ne sais pas si elle a compris qu'il l'avait imitée, mais de toute façon les paupiettes de panthère lui sont restées en travers de la gorge. Elle est devenue violette, puis elle s'est mise à trembler de tous ses membres et elle a fondu en larmes.

Finalement, elle a pris son cartable et elle est sortie de

la classe sans dire un mot.

« C'est de ta faute, Max ! a chuchoté Pépita.

— C'est ça, bien sûr ! a répliqué Max, rouge comme un coq. Et la souris, c'est peut-être moi qui l'ai mise dans le

cartable ? Et pour les craies, c'est vous qui avez eu l'idée, les filles !

— C'est dégoûtant, a marmonné Pauline. Moi, je n'ai pas joué au foot, je n'ai même pas ri pour la souris, et je vais être punie à cause de vous... »

Pauline avait raison. Madame Lambert, la directrice, n'allait sûrement pas tarder à arriver pour distribuer des punitions ! Tout le monde regardait vers la porte en se rongeant les ongles. On aurait entendu une mouche voler.

Mais l'heure a passé, et pas de Madame Lambert ! Dès

que la cloche a sonné, on a rassemblé nos affaires sans rien dire et on est sortis de la classe en silence. On a traversé la cour comme si de rien n'était, et on s'est tous retrouvés dans la rue sans qu'il soit rien arrivé...

« Mademoiselle Paprika a dû partir directement, sans passer chez Madame Lambert, a dit Élisabeth.

— Ouais ! a répliqué Quentin. Mais rendez-vous demain matin : ça va être notre fête ! »

J'étais bien d'accord avec lui. Et ce matin, je ne me sens pas très à l'aise...

La matinée s'annonce plutôt mal : à la place de Mademoiselle Paprika, c'est Madame Lambert qui nous fait entrer dans la classe.

« Votre maîtresse sera absente aujourd'hui, nous explique-t-elle une fois qu'on est tous à nos places. Je pense que vous savez pourquoi ! Vous avez été tellement odieux qu'elle est tombée malade... Je vais donc la remplacer, et je vous préviens tout de suite que ma patience a des limites. »

Madame Lambert n'a pas besoin de nous prévenir. On se tient immobiles comme des statues jusqu'à l'heure de la récréation.

Quand la cloche sonne, Madame Lambert nous regarde avec un petit sourire.

« Je vois que vous avez pris de bonnes résolutions... Je

suppose que vous regrettez votre comportement d'hier ? »

On murmure tous : « Oui ! », et Madame Lambert reprend :

« Je propose que vous écriviez une petite carte à Mademoiselle Paprika pour lui dire que vous avez hâte qu'elle soit guérie. Qu'en pensez-vous ? »

On est tous d'accord. Mademoiselle Paprika est souvent très agaçante, mais on l'aime bien quand même. Et puis on regrette vraiment de l'avoir fait pleurer.

« C'est entendu ! décide Madame Lambert. Nous nous en occuperons cet après-midi...

Mais j'ai appris par Mademoiselle Paprika que certains d'entre vous avaient été particulièrement désagréables, et j'estime qu'ils méritent une punition...

— Qu'est-ce que j'avais dit ? » murmure Quentin.

Heureusement pour lui, Madame Lambert ne l'entend pas. Elle brandit une feuille de papier.

« J'ai noté ici l'énoncé d'un devoir, et la liste des élèves qui devront le faire pour demain. Pendant la récréation, quelqu'un recopiera tout cela au tableau. Voyons... Rémi ! »

Rémi fait la grimace, parce qu'il va rater la moitié de la récréation. Et puis il doit être un des premiers sur la liste... Pour le foot entre les tables, il est champion !

En sortant dans la cour, je souffle à Pauline :

« De toute façon, toi, tu n'auras sûrement pas à faire le devoir.

— Toi non plus, me répond mon amie. Hier, tu n'as même pas joué au foot ! »

Pauline a raison. Pour une fois, je suis une de celles qui ont le moins chahuté !

Il n'empêche que, quand la cloche sonne et qu'on retourne

en classe, je ne peux pas m'empêcher de regarder au tableau pour vérifier que mon nom n'y est pas inscrit.

Rémi a juste recopié les prénoms. Il les a disposés sur deux colonnes : six filles et huit garçons.

AURÉLIE	ARTHUR
FUTÉKATI	CORENTIN
DELPHINE	DAMIEN
MORGANE	MAX
PÉPITA	MIC
ZOÉ	QUENTIN
	RÉMI
	XAVIER

Bien sûr, on est quatorze à

soupirer, et tous les autres ont des sourires jusqu'aux oreilles !

Moi, je soupire encore plus fort que les autres. Je n'arrive pas à y croire ! Que Pépita et Quentin soient punis, d'accord ! Mais moi, j'ai été aussi sage que Pauline, et elle n'est pas sur la liste, elle !

Je trouve ça tellement incroyable que je commence même à me poser des questions... Et si quelqu'un avait ajouté mon nom pendant la récréation, juste pour me jouer un mauvais tour ?

Comme par hasard, au moment où j'ai cette idée, Madame Lambert demande à Rémi :

« Tu peux me rendre la feuille, Rémi ? »

Rémi a beau chercher partout, il ne retrouve pas le texte du devoir et la liste des noms.

« Tans pis, conclut Madame Lambert en le renvoyant à sa

place. De toute façon, je suppose que tu ne t'es pas amusé à supprimer des noms, car dans ce cas tu aurais commencé par le tien ! »

Et elle ajoute : « Maintenant, nous allons passer à la leçon de géographie. »

Mais moi, j'ai beaucoup de mal à écouter ses explications. Je trouve vraiment très bizarre que la liste des noms ait disparu.

Est-ce que par hasard un de mes copains se serait glissé dans la classe pendant la récréation pour ajouter mon nom au tableau ? Et donc il aurait déchiré la liste pour que Madame Lambert ne s'aperçoive de rien ?

Mais qui aurait pu faire une chose pareille ? Quelqu'un qui ne m'aime pas beaucoup, sans doute... Célia, peut-être ? Elle

est jalouse de moi parce que je résous toutes les énigmes... Ou Marion ? Elle aime beaucoup Rémi, et elle est furieuse que ce soit mon amoureux...

À part elles deux, je ne vois vraiment pas qui aurait pu me jouer ce mauvais tour. Peut-être qu'en regardant attentivement la liste inscrite au tableau, cela me donnera une idée ?

Je la relis au moins trois fois. Et, tout à coup, je remarque quelque chose qui n'est pas normal. C'est sûr, quelqu'un l'a modifiée... et je sais qui c'est !

Toi aussi tu le sais, bien sûr !

C'est Célia.

Si tu regardes bien la liste, tu verras que les filles et les garçons ont été inscrits dans l'ordre alphabétique. Il n'y a que moi qui ne sois pas à ma place. Normalement, j'aurais dû être entre Delphine et Morgane.

Mais Célia n'a pas remarqué ce détail, et elle a effacé son nom pour le remplacer par le mien...

Table

Composition *Jouve* 53100 Mayenne
Imprimé en France par ***Partenaires-Livres*** ®
N° dépôt légal : 13191 – juillet 2001
20.20.0262.02/4 ISBN : 2.01.200262.5

Loi n° 49-956 du 16 juillet 1949
sur les publications destinées à la jeunesse

Ecole KLO Middle School
3130 Gordon Drive
Kelowna, B.C. V1W 3M4